Yeppa

Kurzgeschichten, Lyrik und Flash – Fiction mit
Illustrationen von den Autoren Feiler & Feiler

Wir

Autoren: Dirk L. und Tanja M. Feiler

Bilder: Dirk L. und Tanja M. Feiler

Cover: Dirk L. und Tanja M. Feiler

Inhaltsverzeichnis:

I.   Aus der Romantrilogie "Der Nebel im Nichts"

The world behind the mirror

A book with seven seal

Some can it see

It will be

 4

In creatures

Which accompany the people forever

and ever

Mirror stimulates to study the spirit of research

But this world behind can be dangerous

Because the mirror conceals

Doctrines

Confused the soul

a lot of confusion full

Therefore some people go around

and around

Shoked with a feeling

5

seeing

The sensation of horror

By mirror

The ability to understand means blessing and curse at the same time

But this human being will be rich of science

and perception...

by Tanja M. Feiler (Mel Feller)

Was   ist   eigentlich   Flash   Fiction?

So   isses

Wissen   aus   dem   World   wide   Web

Flash Fiction

Als **Flash Fiction**, auch **Sudden Fiction** oder **Fast Fiction**, wird eine noch recht junge literarische Gattung bezeichnet, die ihren Ursprung in anglo-amerikanischen *short stories* hat. Der Name *Flash Fiction* entstammt der gleichnamigen Werkesammlung der Autoren James Thomas, Denise Thomas und Tom Hazuka, die 1992 veröffentlicht wurde.

Inhaltsverzeichnis

Kennzeichen

Das besondere Kennzeichen von Flash Fiction ist ihre Kürze. Obwohl es kein generell festgelegtes Wortlimit gibt, werden *short stories* in der Regel als *Flash Fiction* bezeichnet, wenn eine Länge von 1.000 bis 2.000 Wörtern nicht überschritten wird. Die Mehrzahl der Flash-Fiction-Stories hat 250 bis 1.000 Wörter. Traditionelle *short stories* umfassen im Gegensatz dazu durchschnittlich 2.000 bis 20.000 Wörter.

Trotz dieser relativen Kürze enthalten Flash-Fiction-Stories die Elemente der klassischen Kurzgeschichte: Protagonist, Konflikt, Hindernis und Komplikation sowie die Lösung. Allerdings sind Flash-Fiction-Autoren durch die limitierte Wortzahl gezwungen, einige dieser Elemente nur schlaglichtartig zu behandeln und im Handlungsablauf nur anzudeuten. Dieses Prinzip wurde durch Ernest Hemingways *six-word flash* zum Extrem gebracht.

Literarische Wurzeln und Entwicklung

Die Wurzeln der Flash Fiction gehen zurück bis zu den Fabeln des Aesop, erste größere Bekanntheit gewannen „sehr kurze Kurzgeschichten" durch Anton Tschechow, O. Henry, Franz Kafka, H. P. Lovecraft und Ray Bradbury. Einen regelrechten Boom erlebte die neue Gattung durch das Internet, aber auch durch die Veröffentlichung vieler Flash-Fiction-Stories in Literaturmagazinen und Tageszeitungen. Darüber hinaus wurden beginnend mit dem ersten Werk des Jahres 1992 zahlreiche Werksammlungen und Schreibanleitungen zum Thema Flash Fiction veröffentlicht.

Weiterentwicklungen

Das Prinzip der Flash Fiction fand zahlreiche Anhänger. Viele Autoren versuchten, das Flash-Fiction-Prinzip auf die Spitze zu treiben und komplette Handlungsabläufe in immer kürzeren Texten darzustellen. Diese Werke werden gemeinhin als *Nanofiction* oder *Microfiction* bezeichnet. Große Bekanntheit erlangte in diesem Zusammenhang Hemingways oben genannter *six-word Flash*.

"For sale: baby shoes, never worn."

Es gibt auch vereinzelte Flash-Fiction-Ansätze, bei denen die technische Begrenzung von SMS- oder Twitter-Mitteilungen als Rahmen für eine gesamte Geschichte genutzt werden. In Deutschland ist dies nachzulesen auf dem Twitter-Account @tiny_tales[1] von Florian Meimberg. Ein weiterer Begriff, der die faktische Begrenzung zu einem literarischen Rahmen macht, ist *Postcard Stories*.

2. Bildergallerie

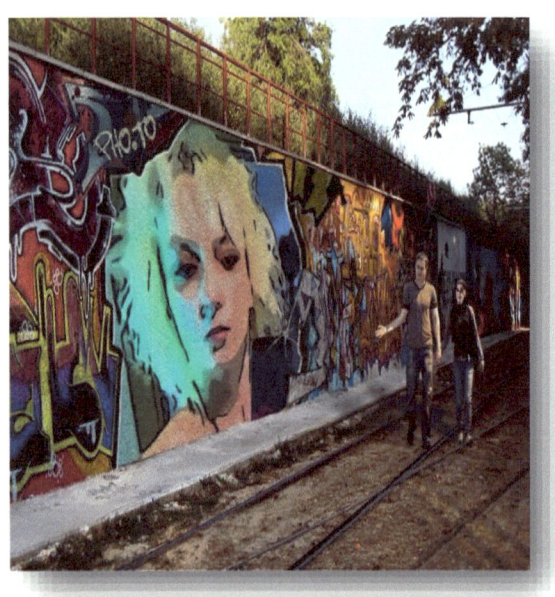

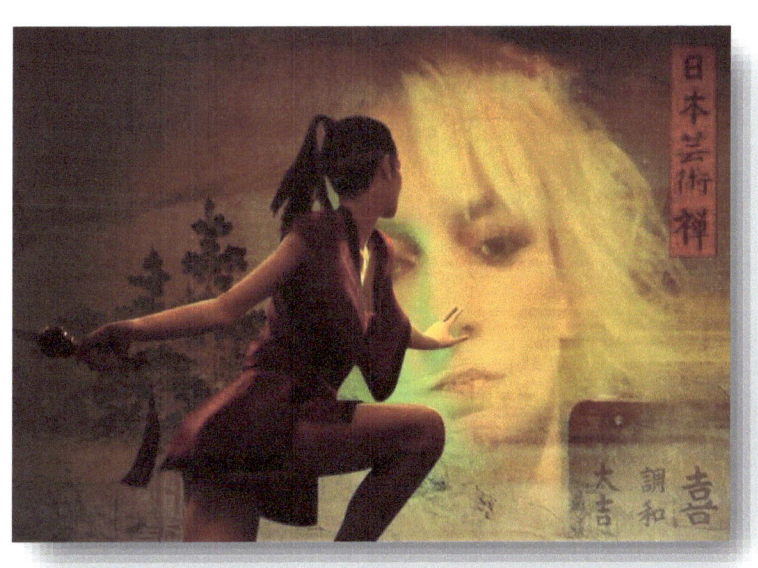

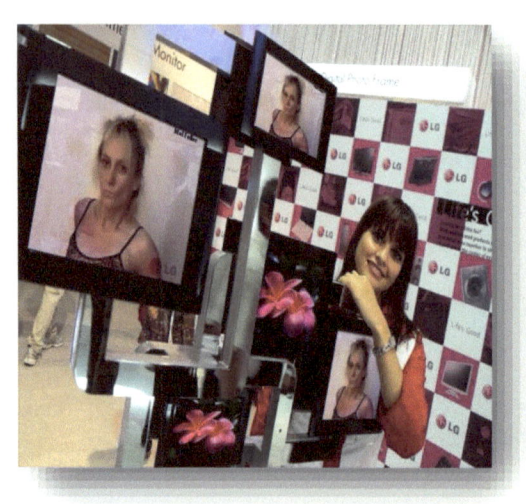

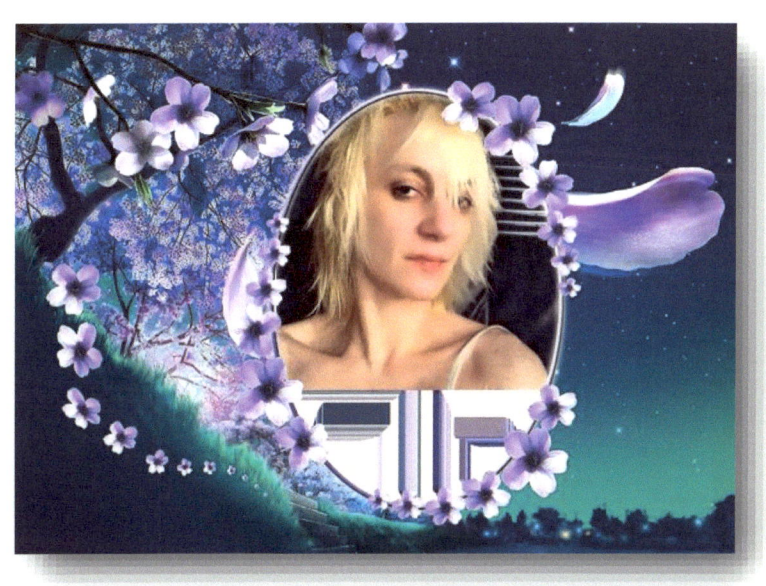

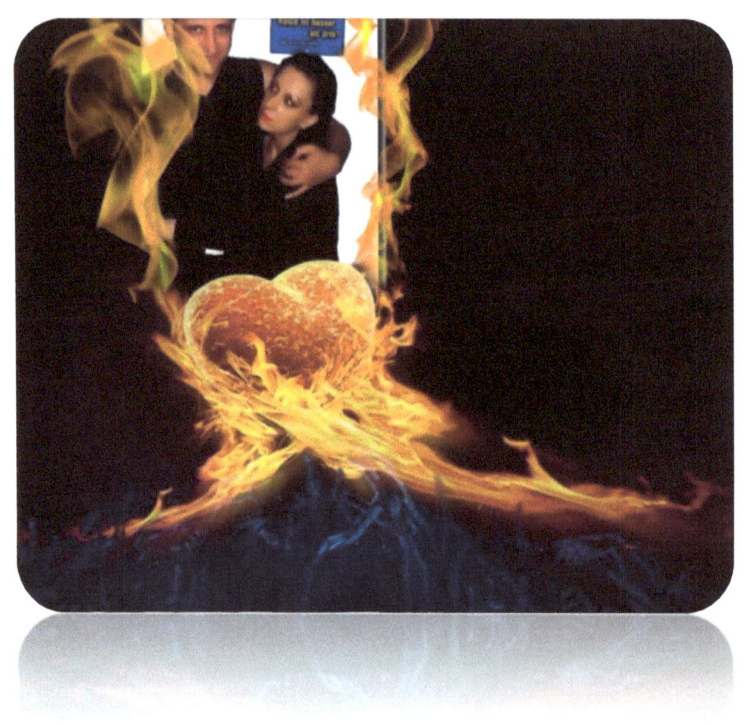

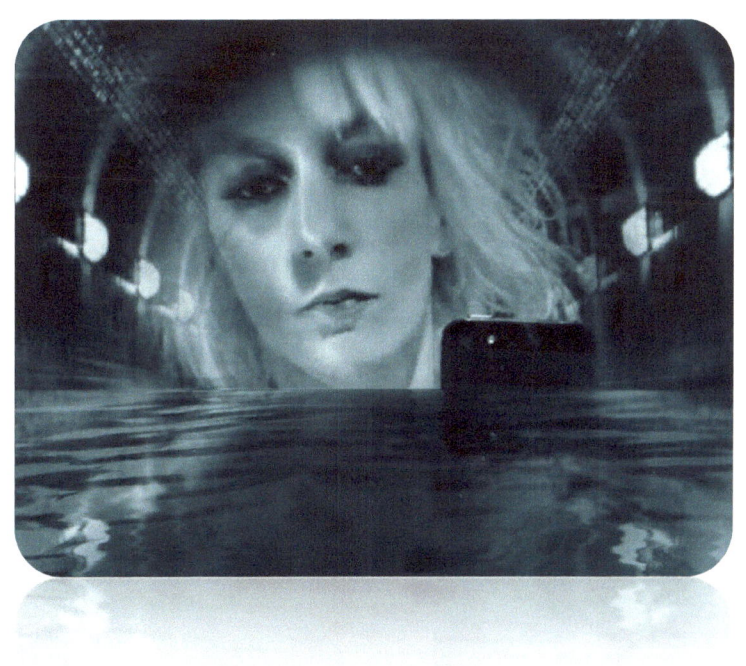

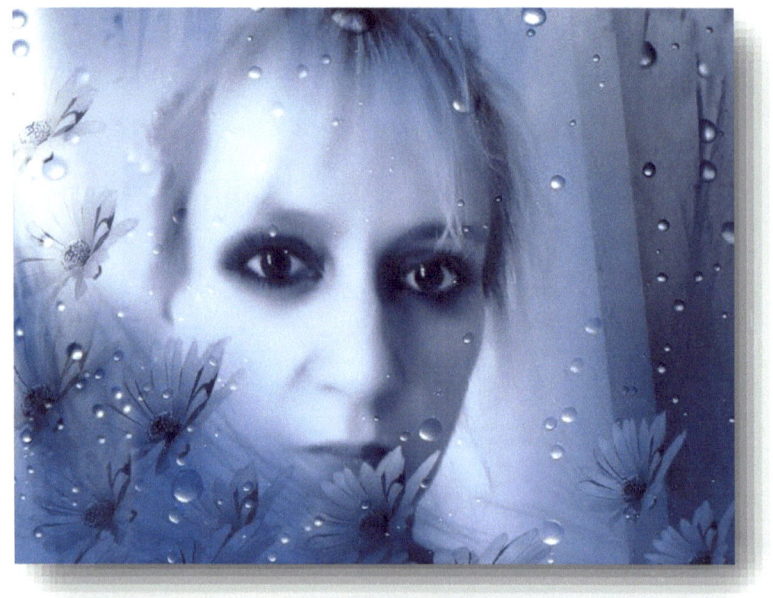

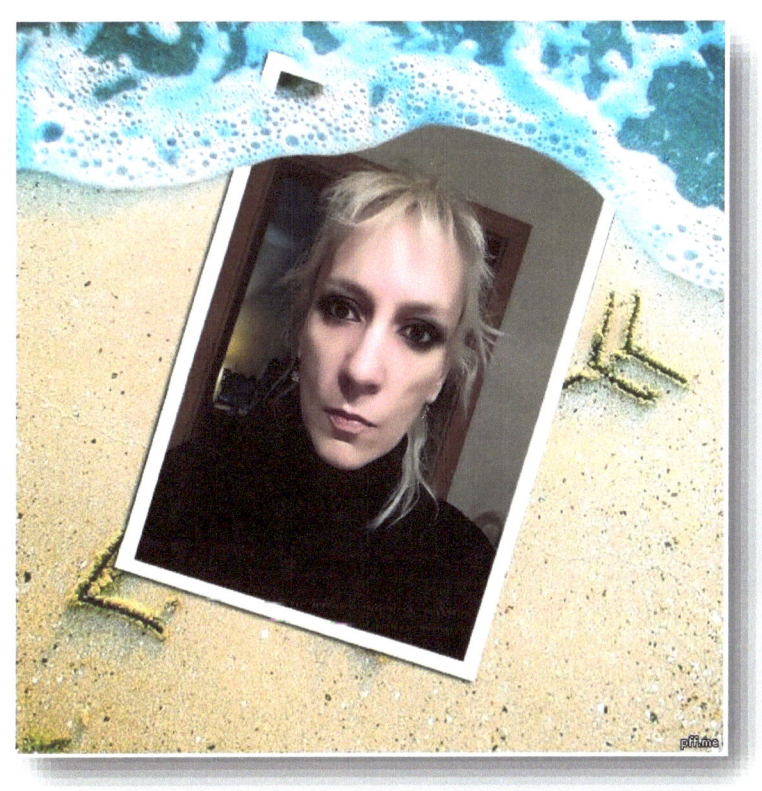

3. Kurzgeschichten Flash – Fiction

Psychoterror pur (von Dirk L. Feiler)

Zuerst eine Frage an Sie, Menschen halten sich für intelligent, sie reden von Quartal, ein Quartal hat 4 Monate nicht 3. Ich kann verstehen, dass sie sich durch ihre unverschuldeten kriegerischen Absichten und brutalen Psychoterror, Schmerzen zuführen. Bei uns ist Psychoterror ein schlimmer Schmerz, wir setzen alle Spiele, die sie spielen ein, um zu spielen, wir fechten und machen alles andere was sie auch machen außer boxen, da wurde ein Sportler beim ersten Kampf sofort für alle Zeit gesperrt. (Quelle Internet)

Wir können unsere IP jetzt jederzeit wechseln, wir können sie auch alle 5 Minuten wechseln, es reicht uns jetzt, während wir Briefe schreiben, gehen einige hin, und schreiben diese Briefe in einem dermaßen falschen, dummen Sprachgehalt, dass der Prozentgehalt der Reinheit der Sprache nicht einmal nachgemessen werden kann, doch selbst dass verstehen sie nicht, weil es so einfach, aber für sie so kompliziert ist. Soviel zu meiner Wut. Sie haben mir auch andere Dinge angetan, der Staat für den ich arbeite, hat mich entführt und in einem Krankenhaus sterilisiert ohne mein Wissen, anwesend 11 Menschen, 8 Ärzte, 2 Polizisten, 1 Krankenschwester. So dass ist mein Ärger für heute, ich finde dass gar nicht lieb von Ihnen.

Wenn Sie denken, dass der stärkste Boxer gegen mich ankommen kann, soll er es versuchen. Ich wiege zur Zeit 73 kg. Der Kampf beginnt, der Schiedsrichter gibt ok, dann ist der andere schon k.o. Nehmen Sie das einfach mal zur Kenntnis. Oder fordern Sie mich heraus, kostet nicht viel, ein Kinderdorf oder Sie lassen es und ich zahle es. Ich sage dies, weil sich ein Mann mit viel Niveau, einer hohen Disziplin, der meine Geschichte als Hauptdarsteller (Matrix) einen neuen tollen Film gedreht hat, den viele Menschen viell. Nicht verstehen, aber wissen Sie es geht Sie auch nichts an, noch   nicht.

Ich weiß, dass ist jetzt böse in meinem Sinn, Keanu, ich danke Dir, Du weißt warum, lass die Menschen denken. Leider habe ich heute im Internet Dinge gefunden, soviel Dummheit hat mir soviel Schmerzen zugeführt, dass ich diese Zeilen meiner Frau diktieren muss, es wird auch nicht lange stehenbleiben, in einer Stunde wird es wieder gelöscht.

Bieten wir Ihnen einen freundlichen Antrieb an: Im Januar 2009 brachten wir eine Aktie auf den Markt im Wert von 50 Bitcoin, diese Aktie hat bisher nichts an Wert verloren. Sie hat noch immer den gleichen Wert, und sie wird auch immer den gleichen Wert haben.   50   Bitcoin!

Noch im Januar war die Aktie dann schon bei 127,51 Bitcoin. Ich möchte an dieser Stelle meinem Freund Leonardo di Caprio danken, dass er mir meine 7

Weltmeere genauso wie ich das wollte, schön formell, bezahlt hat, für 7 Millionen Dollar. Danke Friend.

Der Frau des Presidenten, liebe Michelle, ich danke Dir von Herzen für Dein Verständnis und frage hiermit alle anderen Amerikaner: Was sagen Sie, wie wäre es mit einer Presidentin?

Wer dafür ist, der sage hier seine Meinung.

Ich sage Ihnen eine Zahl: 19 532 878. Wie heißt das Jahr und der Monat, in welchem die Aktie 25 Millionen Bitcoin erwirtschaftet hat?

TIGER — Das Kollektiv

Die Familie von Kitty, unserer Katzen, sind die Raubkatzen – Tiger, die zahlenmäßig bedroht sind. So setzen sich Freunde von uns, wie Leo für Tiger ein und auch für die Weltmeere, deren Schätze bzgl. Tang reichen würden, um dien Hunger in der Welt und auch die Tiere zu ernähren. Unsere Ansicht ist, dass der Mensch aggressives Potenzial hat, da es in der Natur noch üblich ist, andere Lebewesen zu töten, um nicht zu verhungern. Eine globaler Ernährungsplan verbunden mit der Einsicht: Androiden bedienen – Es werden seit 2008 bereits bemerkenswerte Androiden gebaut, einer dient inzwischen als Lügendetektor, der andere ist Kellner....Androiden sind absolut dazu tauglich, um Menschenleben zu schützen, in Krisengebieten für Hilfe durch Aufklärung zu machen. Im Buch „Androiden, Bedienungen für das Leben" von Tanja M. Feiler wird dieses Thema intensiv beleuchtet.

von Tanja M. Feiler

Der Tiger, der nicht in das Dorf ging

Im FB wurde ein Bericht gepostet über einen Tiger, der, um nicht die Menschen im Dorf zu gefährden, verhungert ist. Da die Population dieser Tiere bedroht ist, und um die Funktion dieses Kollektives seit der Antike zu beleuchten, die Ehrungen als Gottheiten, ist hier Aufklärung gefragt.

(von Tanja M. Feiler)

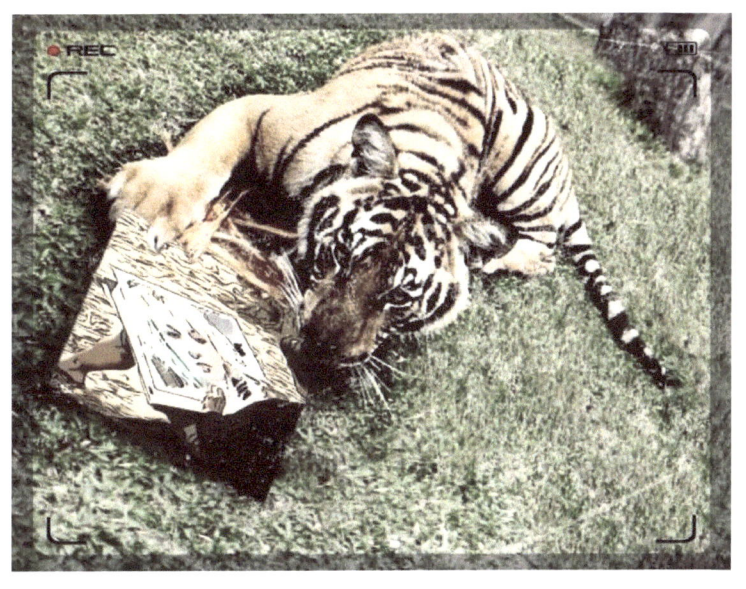

Die Autoren Tanja und Dirk L. Feiler

Wir sagen Danke!